TÍTERES DE CACHIPORRA

Federico García Lorca

Retablillo
de don Cristóbal
y doña Rosita

Aleluya popular basada en el viejo
y desvergonzado guiñol andaluz

Buenos Aires, 1934

Granada, 2025

© Editorial Comares, 2025
Polígono Juncaril
C/ Baza, parcela 208
18220 Albolote (Granada)
Tlf.: 958 465 382
https://www.comares.com • E-mail: libreriacomares@comares.com
https://www.facebook.com/comares • https://twitter.com/comareseditor
https://www.instagram.com/editorialcomares

ISBN: 978-84-1369-939-4 • Depósito legal: Gr. 539/2025

Fotocomposoción, impresión y encuadernación: comares

Para Gabriel Manés
Con un abrazo fuerte de su amigo
Federico García Lorca
Buenos Aires, 1934

HAY libros que nacen de encuentros, encuentros fortuitos o buscados. El espacio donde tienen lugar es el ecosistema que propicia que las afinidades de todos los que participan confluyan para que surja algo nuevo. Así es como nace este libro, en Fuente Vaqueros, donde el poeta niño jugó por vez primera a «hacer teatros» como le gustaba decir a Carmen Ramos, la *niña-niñera* con la que compartió sus años infantiles. En este pueblo de la vega de Granada, donde el poeta tuvo su primer ensueño de lejanías, es fácil ver todavía alguna que otra pajarita de las nieves huidiza que corre y revolotea ajena al devenir del siglo. Allí, Miguel Ángel del Arco, que mantiene intacta su capacidad de asombro, vislumbró este libro durante su primer paseo por «La trastienda», una exposición de Bea Sáez con diez dioramas que contaban la trama del *Retablillo de don Cristóbal y doña Rosita*. Los dioramas, rodeados de bocetos más o menos terminados, ilustraban las escenas de esta pieza del teatro breve de Federico García Lorca. Intencionadamente Bea utilizó para construirlos materiales humildes, reciclados en muchos casos, una fórmula que, de alguna manera, evocaba con admiración las figuras planas que Hermenegildo Lanz diseñó para *El Misterio de los Reyes magos* en 1923. Las ilustraciones de este libro han ido creciendo a partir de aquellos dioramas de cartón pluma, que Alejandro Gorafe instaló sobre bases de cristal, en la sala del Centro de Estudios Lorquianos, iluminados con la luz justa y la delicadeza que caracterizaba sus montajes.

El color es lo primero que sorprende nada más abrirlo, los diálogos se iluminan con el amarillo que predomina sobre el resto de colores. Cada personaje se asocia a uno, buscado y elegido de forma intencionada por la ilustradora. Doña *Rosita* nos cuenta Bea, tiene un color que oscila entre el magenta y el rojo, encarna la juventud, la belleza, la ingenuidad, pero también la pasión y la picardía.

El Enfermo, va vestido de naranja, pero en un tono apagado, lo que atenúa esa alegría intensa que el color naranja simboliza, pero que conjuga muy bien con la comicidad de la escena. El violeta, representa a *La Madre*. Su vestido azul violáceo, en la gama de los tonos fríos, acorde con su carácter austero y calculador. Para *don Cristóbal*, los grises, aunque es un color simplón va asociado al hombre y el traje a una forma establecida de vestirse. Gris para un personaje gris.

El Poeta, que acompaña al lector de la mano todo el tiempo, es «quien pone luz a la obra», con su traje amarillo y su cara de «pan de maíz». Es vida, representa lo positivo frente a la oscuridad. Sus intervenciones van siempre dirigidas a enseñar el valor de estas farsas populares. Su amor por ellas se remonta a sus primeros años de vida: «*desde mi niñez, yo te he querido, Cristobical, y cuando sea viejo me reuniré contigo para distraer a los niños que nunca estuvieron en el teatro*». También será *El Poeta* quien, casi siempre en voz baja, proponga otras miradas más luminosas, frente a lo establecido que encarna el *Director*, en este caso de marrón, un color clásico, que no tiene intención de salirse de los cánones e impone su voluntad como dueño del teatro que es. No ha lugar a discusión: «*don Cristóbal es malo y no puede ser bueno... Eso es lo que el público quiere oír*», nos dice. Interviene siempre para llevar la acción en una dirección y no en otra. Su falta de imaginación es la única dependencia que tiene del *Poeta*, quien sí sabe «*cómo nacen las rosas y cómo se crían los caballitos de mar*». El dueño del teatro tiene a los personajes atrapados en una cajita de metal. Sin embargo, será él quien en su última intervención explique, casi al detalle, el ambiente, el lenguaje y la esencia de estas obras donde «*los campesinos andaluces oyen con frecuencia comedias de este ambiente*», donde «*estallan con alegría inusitada y con encantadora inocencia las palabrotas*» y, donde «*las malas palabras adquieren ingenuidad y frescura dichas por muñecos*». Al final curiosamente el *Director* emula al *Poeta* y por ende al propio Federico defendiendo y justificando el teatro de títeres, con la misma intensidad que defendió el cante jondo o las canciones populares, todas ellas manifestaciones artísticas enraizadas en la tradición del pueblo: «*Hay que enseñar la riqueza de estas viejísimas farsas, desvergonzadas y rudas*».

Con un simple repaso por el epistolario lorquiano encontraremos desde principios de los años veinte múltiples referencias a sus proyectos para títeres. En 1921, le dijo a Adolfo Salazar: «*Los Cristobital los estoy machacando. Pregunto a todo el mundo, y me están dando una serie de detalles encantadores. Ya han desaparecido de estos pueblos, pero las cosas que recuerdan los viejos son picarescas en extremo y para tumbarse de risa…»*. Al año siguiente le escribió a Manuel de Falla: *«Estoy entusiasmado con el viaje a la Alpujarra. Ya sabe usted la ilusión tan grande que tengo de hacer unos Cristobical llenos de emoción andaluza y exquisito sentimiento popular. Creo que debemos hacer esto muy en serio: los títeres de cachiporra se prestan a crear canciones originalísimas. Hay que hacer la tragedia (nunca bien alabada) del caballero de la flauta y el mosquito de trompetilla, el idilio salvaje de don Cristóbal y la señá Rosita […]. ¿Cuándo vienen ustedes por aquí un día? En el pueblo no hace muchos días hubo un tío con unos cristobical que se metían con todo el público de una manera verdaderamente aristofanesca»*. El entusiasmo de Federico por este teatro lo mantuvo siempre vivo. Ponía un cuidado especial en todos los detalles, como si se tratara de cualquier otro proyecto de más envergadura. Al escultor Ángel Ferrant le escribe a principios de los años treinta para darle instrucciones de cómo deben ser los muñecos: *«Quisiera, si puedes y esto es posible, hicieses el favor de ir modelando las cabecitas. […]. La cabeza de don Cristóbal es enérgica, brutal, como de la porra. Currito el del Puerto es joven y de carácter muy melancólico»*. Cuando recibe el trabajo le agradece y le vuelve a dar indicaciones: *«Recibí tus adorables cabecitas. Mil gracias. Son deliciosas de color y de intención. Te ruego que las otras las hagas aproximadamente de tamaño de la de Cristóbal o un poquitín, muy poco, más pequeñas. La cabeza de Rosita es deliciosa»*.

Dos años antes de su trágica muerte, en 1934 Federico García Lorca escribió esta versión del *Retablillo* en Buenos Aires, donde introdujo palabras y guiños para sus amigos argentinos. Han pasado noventa y un años y cabe cuestionarse si el tema central de esta pieza para muñecos sigue vigente. En el centro de la diana su denuncia rotunda sobre el rol que la mujer está obligada a cumplir. Una madre, vende a su hija porque es la única moneda de cambio que tiene para sobrevivir; la jovencísima *Rosita*, que tiene un solo horizonte seguro, el matrimonio pactado con don *Cristóbal*, viejo y borracho. Y el desenlace final que el público de alguna manera espera sin apenas sorprenderse. O sí. ¿Hoy nos sorprende? Si miramos a nuestro alrededor ¿Nos sorprendería el número de «niñas-Rositas» entregadas en matrimonio por sus familias?: 5 de mayo / 2024. El País: «**¡No quiero casarme, tengo que ir a la escuela! El drama de las niñas afganas vendidas para alimentar a sus familias**». (Stephan Sinclair).

INMA HERNÁNDEZ BAENA

SALUTACIÓN AL PÚBLICO
POR DON CRISTOBÍCAL

CRISTÓBAL

Señoras y señores: No es la primera vez que yo, don Cristóbal, el muñeco borracho que se casa con doña Rosita, salgo de la mano de Federico García Lorca a la escenita donde siempre vivo y nunca muero.

La primera vez fue en casa de este poeta, ¿te acuerdas, Federico? Era la primavera granadina y el salón de tu casa estaba lleno de niños que decían: «Los muñecos son de carnecilla, ¿y cómo se quedan tan chicos y no crecen?». El insigne Manuel de Falla tocaba el piano, y allí se estrenó por vez primera en España *La historia de un soldado*, de Igor Stravinsky. Todavía recuerdo la cara sonriente de los niños vendedores de periódicos, que el poeta hizo subir, entre los bucles y las cintas de las caras de los niños ricos.

Hoy salgo en Buenos Aires para trabajar ante ustedes y agradecer las atenciones que han tenido con él y con Manolo Fontanals. A mí no me gusta trabajar en estos teatros, porque yo soy muy mal hablado. Aquí triunfan los telones pintados y la luna del teatro sensitivo. Yo he trabajado siempre entre los juncos del agua, en las noches del estío andaluz, rodeado de muchachas simples, prontas al rubor, y de muchachos pastores, que tienen las barbas pinchosas como las hojas de la encina.

Pero el poeta quiere traerme aquí.

Poeta

Usted es un puntal del teatro, don Cristóbal. Todo el teatro nace de usted. Hubo una vez en Inglaterra un poeta que se llamaba Shakespeare, que hizo un personaje que se llamaba Falstaff, que es hijo suyo.

Cristóbal

Bueno, usted lo sabrá mejor que yo; pero a mí no me gusta la luz eléctrica.

Poeta

Yo creo que el teatro tiene que volver a usted.

el poeta

CRISTÓBAL

Lo cierto es que yo te gusto a ti. ¡Es un loco este Federico!... Siempre me sacas y, aunque yo... me..., bueno, haga disparates, a ti te gustan.

POETA

Me gustan. Desde mi niñez yo te he querido, Cristobícal, y cuando sea viejo me reuniré contigo para distraer a los niños que nunca estuvieron en el teatro.

CRISTÓBAL

Me pongo triste.

POETA

¿Qué es eso?

CRISTÓBAL

Nada. Yo me voy con Lorca y con Fontanals. Antes me dicen que les despida, porque yo, al fin y al cabo, no puedo derramar lágrimas y ellos sí..., y no quieren ponerse tristes. Gracias a todos, señores. A la compañía, muchos besos, y a Lola, que se acuerde siempre de nosotros y de ti, Federico, que siempre la quieres.

POETA

Gracias a todos, señores. Y ahora, vamos a la función. ¡Ay! Perdonad a los muñecos que no sean buenos actores en gracia a que han estado durmiendo muchos años olvidados de todos. Salud.

PERSONAJES

DON CRISTÓBAL

DOÑA ROSITA

LA MADRE DE ROSITA

CURRITO EL DEL PUERTO

DIRECTOR, *DUEÑO DEL RETABLO*

EL POETA

EL ENFERMO

ESCENA PRIMERA

Sale un personaje.

POETA

Hombres y mujeres: ¡Atención! Niño, ¡cállate! Quiero que
haya un silencio tan profundo que oigamos el gluglú de los ma-
nantiales. Y si un pájaro mueve un ala, que también lo oigamos;
y si una hormiguita mueve la patita, que también la oigamos; y
si un corazón late con fuerza, nos parezca una mano apartando
juncos de la orilla.

¡Ay!, ¡ay! Será necesario que las muchachas cierren los abanicos y las niñas saquen sus pañolitos de encaje para oír y para ver las penas de doña Rosita casada con don Cristóbal.

Doña Rosita era como una pajarita de las nieves y don Cristóbal es gordo como la pierna del chancho.

¡Ay!, ¡ay! Ya empieza a tocar el tambor.

Podéis llorar y podéis reír; a mí no me importa nada de nada.

Yo voy a comer ahora un
poquito pan, un poquitirri-
to pan que me han dejado los

pájaros, y luego a planchar
los trajes de la compañía.

Mira si es observado.

Quiero deciros que yo sé cómo nacen las rosas y cómo se crían las estrellas de mar, pero...

DIRECTOR

¡Haga usted el favor de callarse! El prólogo termina donde se dice: «Voy a planchar los trajes de la compañía».

POETA

Sí, señor.

DIRECTOR

Usted, como poeta, no tiene derecho a descubrir el secreto con el cual vivimos todos.

POETA

Sí, señor.

DIRECTOR

¿No le pago su dinero?

POETA

Sí, señor; pero es que don Cristóbal yo sé que en el fondo es bueno y que quizá podría serlo.

DIRECTOR

¡Majadero! Si no se calla usted, subo y le parto esa cara de pan de maíz que tiene. ¿Quién es usted para terminar con esta ley de maldad?

POETA

Ya he terminado. Me callaré.

DIRECTOR

No, señor. Diga usted lo que es preciso que diga y lo que el público sabe que es verdad.

POETA

Respetable público: Como poeta tengo que deciros…

DIRECTOR

«Y como hombre».

POETA

«Y, como hombre…», que don Cristóbal es malo.

DIRECTOR

«Y no puede ser bueno».

      POETA

      «Y no puede ser bueno».

      DIRECTOR

      ¡Vamos!, ¡siga!

      POETA

      Ya voy, señor Director. Es que siempre que tengo que decir esto se me saltan las lágrimas… «Y nunca podrá ser bueno».

DIRECTOR

Muy bien. *[Asoma la enorme cabeza natural del Director con grandes barbas].* ¿Cuánto le debo?

POETA

Cinco monedas.

DIRECTOR

Ahí van.

POETA

No las quiero de oro. El oro me parece fuego, y yo soy poeta de la noche. Démelas de plata. Las monedas de plata parece que están iluminadas por la luna.

DIRECTOR

¡Ja, ja, ja! ¡Así salgo ganando! ¡A empezar! *[Se hunde]*.

POETA

Abre tu balcón, Rosita,
que comienza la función.
Te espera una muertecita
y un esposo dormilón.

Telón

ESCENA II

Calle.

DIRECTOR

Cristóbal.

CRISTÓBAL

¿Qué?

DIRECTOR

Salga usted ya, que el público lo está esperando.

CRISTÓBAL

Ya voy.

DIRECTOR

¿Y doña Rosita?

ROSITA

[Con voz fina]. Me estoy poniendo los zapatitos. *[Se oyen ronquidos].*

DIRECTOR

¿Qué es eso? ¿Ya está roncando, Cristóbal?

CRISTÓBAL

Ya voy, señor Director. Es que estoy meando.

DIRECTOR

¡Cállese y no diga barbaridades!

CRISTÓBAL

[Sale]. Buenas noches, caballeros. Pues yo digo que Pablo Suero ronca más que yo. ¡Me están fastidiantes! Todos roncan.

Octavio Ramírez ronca como una flauta,
Edmundo Guibourg ronca como un saxofón,
Oliverio Girondo ronca como un piano
y Pablo Suero ronca como un trombón.
Nalé Roxlo ronca como una aguja,
Amado Villar ronca como un bandoneón,
Pablo Neruda ronca como una calavera
y Rojas Paz ronca exactamente igual que Raúl González Tuñón.
El crítico del *Diario*
ronca de modo extraordinario
y el crítico del *Diario Español*
ronca toda la función
y en medio de ella se le cae
el bastón y hace pon pon.

DIRECTOR

No se meta usted con los críticos ni con los poetas.

CRISTÓBAL

Norah Lange ronca por la rodilla izquierda y por la nariz Cunill Cabanellas.

DIRECTOR

Vamos, don Cristóbal. Hay necesidad de empezar el drama. Esa es su obligación.

CRISTÓBAL

No me engrupa, che.

DIRECTOR

Usted es un médico.

CRISTÓBAL

¡Ay! Yo soy un médico. ¡Vamos al toro!

DIRECTOR

Piense, don Cristóbal, que necesita usted dinero para casarse.

CRISTÓBAL

¡Carajito!, ¡carajito!, ¡es verdad!

DIRECTOR

Gánelo pronto... honradamente. ¿Me ha oído usted? Hon-ra-da-men-te.

CRISTÓBAL

¡Voy por la porra!

DIRECTOR

¡Bravo! ¡Veo que me ha entendido usted!

ENFERMO

Buenos días.

CRISTÓBAL

Buenas noches tenga usted.

ENFERMO

Buenos días.

CRISTÓBAL

Buenas noches.

ENFERMO

Buenas tardes.

CRISTÓBAL

Buenas noches negras.

ENFERMO

[Tímido]. Quizá le pueda dar las buenas noches.

CRISTÓBAL

Buenas noches cerradas.

ENFERMO

En vista de esto me he convencido que es usted un gran médico y que me puede curar. ¡Buenos días!

CRISTÓBAL

[*Enérgico*].¡Te he dicho que buenas noches y es buenas noches!

ENFERMO

¡Bravo! Cuando usted quiera.

CRISTÓBAL

¿Qué le duele a usted?

ENFERMO

Me duele el cuello
donde me nace el cabello,
pero no había caído en ello
hasta que me lo dijo mi primo Enrique Coello.

CRISTÓBAL

Esto se acaba con el degüello. [*Le agarra por el cuello*].

ENFERMO

¡Ay!, ¡ay!, ¡ay, don Cristobítal!

CRISTÓBAL

¡Vamos! Tenga la bondad de sacar un poquito el cuello para que le pueda intervenir la carótida.

ENFERMO

¡Ay! ¡Yo no lo puedo mover!

CRISTÓBAL

Le digo que pruebe a mover la carótida.

ENFERMO

¡Ay! ¡Es imposible!

CRISTÓBAL

Apártese usted mismo con las manos las yugulares.

ENFERMO

Si pudiera, ya lo hubiera hecho. *[Con agresividad].* ¡Buenos días, buenos días, buenos días!

CRISTÓBAL

¡Ahora verás! *[Entra. El Enfermo se queja echado sobre la barandilla].*

ENFERMO

¡Ay!, ¡ay, lo que me duele la carótida!

CRISTÓBAL

[*Entra con la porra*]. ¡Aquí estoy!

ENFERMO

¿Qué es eso, don Cristóbal?

CRISTÓBAL

El aparato del aguardiente.

ENFERMO

¿Para qué sirve?

CRISTÓBAL

Para ponerte el cuello caliente.

ENFERMO

¡Pero que no haga usted daño!

CRISTÓBAL

En el pegar no hay engaño. ¿Tienes mucho dinerito?

ENFERMO

Veinte pesitos y veinte pesitos,
y debajo del chalequito
seis pesitos y tres pesitos,
y en el ojito
del culito
tengo un rollito
con veinte pesitos.

CRISTÓBAL

Pues yo te voy a curar.
¡Pero no lo contarás!

ENFERMO

[Agresivo]. ¡Buenos días!,
¡buenos días!, ¡buenos días!

CRISTÓBAL

[Dándole con la porra]. ¡Buenas noches! ¡Te agarré! ¡Saca el cuello!

ENFERMO

No puedo, don Cristóbal.

CRISTÓBAL

[Dándole un golpe]. ¡Saca el cuello!

ENFERMO

¡Ay, mi carótida!

CRISTÓBAL

¡Más cuello!

ENFERMO

¡Ay, mi carótida!

CRISTÓBAL

¡Más cuello!, ¡más cuello!, ¡más cuello!, ¡más cuello! *[El enfermo saca un cuello de un metro].*

ENFERMO

¡Ayyyyyyyyy…! *[Mete todo el cuello y se levanta, pero Cristóbal lo remata].*

CRISTÓBAL

Te maté, ¡puñetero!, te maté.
Una, dos y tres,
¡al barranco con él!
     [Se oye un golpe].
¡Olé!, ¡olé!, ¡olé!, ¡olé!

DIRECTOR

¿Tenía dinero?

CRISTÓBAL

Sí.

DIRECTOR

¡Pues hay que casarse!

CRISTÓBAL

Hay que casarse.

DIRECTOR

Ahí viene la madre de doña Rosita. Es preciso que hable usted con ella.

[Aparece (la Madre) de Rosita].

MADRE

Yo soy la madre de doña Rosita y quiero que se case, porque ya tiene dos pechitos como dos naranjitas y un culito como un quesito y una urraquita que le canta y le grita.

Y es lo que digo yo:
Le hace falta un marido
y, si fuera posible, dos.
¡Ja!, ¡ja!, ¡ja!, ¡ja!

CRISTÓBAL

Señora.

MADRE

Caballero
de pluma y tintero.

CRISTÓBAL

No tengo sombrero.
Usted sabrá
que me quiero casar.

MADRE

Yo tengo una hija.
¿Qué dinero me da?

CRISTÓBAL

Una onza de oro
de las que cagó el moro,
una onza de plata
de las que cagó la gata
y un puñado de calderilla
de las que cagó mi madre cuando era chiquilla.

MADRE

Y además quiero una mula
para ir a Lisboa cuando sale la luna.

CRISTÓBAL

Una mula es mucho;
no puedo, señora.

MADRE

Usted tiene plata,
señor don Cristóbal.
Mi Rosita es joven
y usted es ya viejo.
¡Viejo, viejo, pellejo!

CRISTÓBAL

Y usted es una vieja
que se limpia el culo con una teja.

MADRE

¡Borracho! ¡Indecente!

CRISTÓBAL

Te voy a poner la barriga caliente.
Cuenta con la mula.
¿Dónde está Rosita?

MADRE

En camisa en su cuarto
y está solita.
Echándose polvos de arroz
para que tu palomo le huela mejor.
Echándose polvos de ritz,
tres cuartas más abajo de la nariz.
¡Ja!, ¡ja!, ¡ja!, ¡ja!

CRISTÓBAL

¡Ay, cómo me pongo!

MADRE

¡Ay, con el sorongo!, ¡ay, con el sorongo!

CRISTÓBAL

¡Dame su retrato!

MADRE

¡Pero firmaremos antes el contrato!

CRISTÓBAL

[Canta].
Rosita, por verte
la punta del pie,
si a mí me dejaran,
veríamos a ver.

MADRE

Le verás el pie,
también el ombligo.
Si me das dinero,
¡hará lo que digo!
Taratá, taratá.

Telón

ESCENA III

Calle andaluza.

Las casas están pintadas muy pegadas y entre ellas se destaca el balcón de doña Rosita, enorme, al que ella se asomará.

Es de noche. Sale Currito el del Puerto.

DIRECTOR

¿Pero se va usted?

CURRITO

Me voy. Ya ha ocurrido todo lo que tenía que pasar.

DIRECTOR

Entonces deja a doña Rosita.

CURRITO

Doña Rosita
es putita.

DIRECTOR

Ahora la madre la va a vender a don Cristóbal.

CURRITO

Por eso yo me voy.

CRISTÓBAL

[Dentro]. ¡Brrrrrrrrr!

CURRITO

Yo me voy a Buenos Aires.

DIRECTOR

¿Y lleva usted alguna recomendación?

CURRITO

Llevo recomendaciones de García Lorca.

DIRECTOR

¡Está usted fresco! Ese Lorca está más loco que una cabra.

CURRITO

¿Con cuernos y todo?

DIRECTOR

¡Naturalmente! ¿Dónde ha visto usted a un poeta chorpatélico que no los tenga?

CURRITO

No permito que se insulte a un amigo mío.

CRISTÓBAL

¡Brrrrrrrrr!

DIRECTOR

¡Huya usted, que viene don Cristóbal!

Voz de Rosita

Con el vito, vito, vito,
con el vito que me muero.
Cada hora, niño mío,
estoy más metida en fuego.

[*Sale al balcón*]. ¡Ay, qué noche tan clarita vive sobre los tejados! En esta hora los niños cuentan las estrellas y los viajeros se duermen sobre sus caballos, pero yo quisiera estar:

en el diván
con Juan,
en el colchón
con Remón,
en el canapé
con José,
en la silla
con Medinilla,
en el suelo
con el que yo quiero,
pegada al muro
con el lindo Arturo,
y en la gran *chaise-longue*
con Juan, con José, con Medinilla,
con Arturo y con Remón.

¡Ay!, ¡ay!, ¡ay! ¡Qué suspiros! ¡Yo me quiero casaaar! Me han oído. Yo me quiero casar

con un mocito,
con un militar,
con un arzobispo,
con un general,
con un macanudo
de macanear
y veinte mocitos
de Tucumán.
¡Ay!, ¡ay!, ¡ay!, ¡ay! *[Entra]*.

CRISTÓBAL

Entonces estamos conformes.

MADRE

Estamos.

CRISTÓBAL

Porque, si no estamos, yo tengo la cachiporra y ya sabe lo que pasa.

MADRE

¡Ay!, ¿qué he hecho yo!

CRISTÓBAL

¿Tienes miedo?

MADRE

[Temblando]. ¡Ay!

CRISTÓBAL

Di: «¡Tengo miedo!».

MADRE

«Tengo miedo».

CRISTÓBAL

Diga: «Ya me ha domado Cristóbal».

MADRE:

«Ya me ha domado Cristóbal».

CRISTÓBAL

Como domaré a tu hija.

MADRE

¿Entonces...?

CRISTÓBAL

Yo te doy la onza de oro, la que cagó el moro, y tú me entregas a tu hija Rosita. Y me lo debes agradecer porque ya está madurita.

MADRE

Tiene veinte años.

CRISTÓBAL

He dicho que está madurita y lo está; pero, a pesar de todo, es una linda muchacha. Diga, diga...

MADRE

Que tiene dos tetitas
como dos naranjitas
y un culito
como un quesito
y una urraquita...

CRISTÓBAL

¡Ayyy!

MADRE

Y una urraquita
que le canta y le grita.

CRISTÓBAL

Sí, señor, ¡me voy a casar!, porque doña Rosita es un *boccato di cardinali.*

MADRE

¿Habla usted el italiano!

CRISTÓBAL

No, pero en mi juventud estuve en Francia y en Italia sirviendo a un tal don Pantalón. ¡A usted no le importa nada mi vida! ¡Tiemble usted! Todo el que está delante de mí tiene que temblar.

MADRE

Ya estoy temblando.

CRISTÓBAL

Llama a Rosita.

MADRE

¡Rositaaa!

ROSITA

¿Qué quieres?
Me quiero casar
con un becerro nonato,
con un caimán,
con un borriquito,
con un general,
que para el caso
lo mismo me da.

CRISTÓBAL

¡Ay, qué jamoncitos tiene
por delante y por detrás!

MADRE

¿Te quieres casar?

ROSITA

Me quiero casar.

MADRE

[A Cristóbal]. ¿Te quieres casar?

CRISTÓBAL

Me quiero casar.

ROSITA

Tengo ombliguito
de plata;
mi culito es de coral.

CRISTÓBAL

[A la madre].
El trato ya está cerrado.

MADRE

[Llorando]. ¡Que no me la tra-
tes mal!

CRISTÓBAL

¿Dónde tiene la urraquita?

MADRE

Entre las dos piernecitas.
¡Ay, qué lástima de mi hijita!

CRISTÓBAL

Avisa al cura.

La Madre se va gritando.
Cristóbal se acerca y se van juntos a la iglesia. Suenan las campanas. Se van.

POETA

¿Lo ven ustedes? Sin embargo, más vale que nos riamos todos.

La luna es un águila blanca.

La luna es una gallina que pone huevos.

La luna es un pan para los pobres y un taburete de raso blanco para los ricos.

Pero ni don Cristóbal ni
doña Rosita ven la luna.

Si el director de escena quisiera, don Cristóbal vería las ninfas del agua y doña Rosita podría llenar de escarcha sus cabellos en el acto donde cae la nieve sobre los inocentes. Pero el dueño del teatro tiene a los personajes metidos en una cajita de hierro para que los vean solamente las señoras con pecho de seda y los caballeros con barbas que van al casino y dicen ¡caramba! Porque don Cristóbal no es así, ni doña Rosita...

DIRECTOR

¿Quién habla ahí de ese modo?

POETA

Digo que ya se están casando.

DIRECTOR

Haga el favor de no meter la pata. Si yo tuviera imaginación, le habría puesto de patitas en la calle.

CRISTÓBAL

¡Ay, Rosita!

ROSITA

¿Has bebido mucho vino?

CRISTÓBAL

Me gustaría ser todo de vino y beberme yo mismo, ¡jajají!, y mi barriga un gran pastel, un gran pastel con ciruelas y batatas. ¡Rosita, dime algo!

ROSITA

Voy... ¡Ay, Cristóbal, tengo miedo! ¿Qué me vas a hacer?

CRISTÓBAL

Te haré ¡muuu!

ROSITA

¡Ay, no, que me asustarás!
A las doce de la noche, ¿qué me harás?

CRISTÓBAL

Te haré ¡aaaaah!

ROSITA

¡Ay, no, que me asustarás!
A las tres de la mañana,
¿qué me harás?

CRISTÓBAL

Te haré ¡piiiii!

ROSITA

Y entonces verás
¡cómo mi urraquita
se pone a volar!

Se abrazan.

CRISTÓBAL

¡Ay, mi Rosita!

ROSITA

Has bebido mucho.
¿Por qué no te echas una siestecita?

CRISTÓBAL

¡Ja, ja, ja!
Me pondré a dormir
¡para ver si despierta mi colorín!

ROSITA

¡Sí!, ¡sí!, ¡sí!, ¡sí!...

*Cristóbal ronca. Entra Currito y se abraza a Rosita y
suenan unos enormes besos.*

CRISTÓBAL

[*Se despierta*]. ¿Qué es eso, Rosita?

ROSITA

¡Ay, ay! ¿No ves qué luna tan grande hay? ¡Qué resplan-dooooor! Es mi sombra. ¡Sombra, vete!

CRISTÓBAL

¡Vete, sombra!

ROSITA

Qué molesta es la luna, ¿verdad, Cristobítal?
¿Por qué no te echas otra siestecita?

CRISTÓBAL

Voy a descansar
para ver si despierta mi palomar.

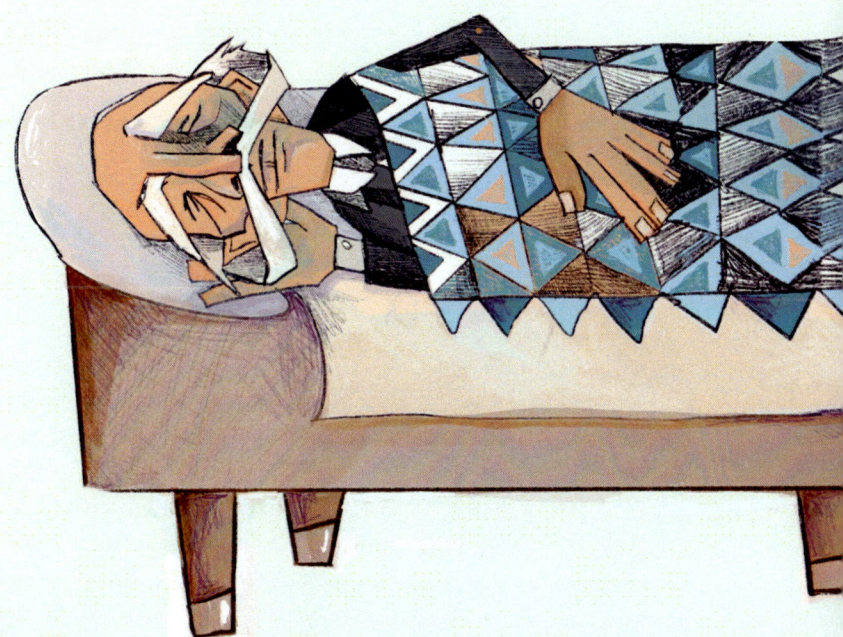

ROSITA

¡Ya!, ¡ya!, ¡ya!, ¡ya!, ¡ya!

Aparece el Poeta y se pone a besar a Rosita y son tantos los besos que se despierta Cristóbal.

CRISTÓBAL

¿Qué es eso, Rosita?

ROSITA

Como hay tan poca luz, no percibes. Es el aparato de hacer encaje de bolillos. ¿No ves cómo suena? *[Se oyen besos].*

CRISTÓBAL

Me parece que suena demasiado.

ROSITA

¡Vete ya, aparato!; ¿verdad, Cristobícal?
¿Por qué no te echas otra siestecita?

CRISTÓBAL

Voy a descansar
para que mi palomo pueda retozar.

Aparece el Enfermo por un lado y doña Rosita lo besa también.

¿Qué es eso que siento yo?

ROSITA

¡Que ya empieza la puesta de sol!

CRISTÓBAL

[*Se levanta*]. ¡Ya he descansado bastante! Rosita, como nos hemos casado, te quiero ver la urraquita.

ROSITA

Sí, sí, luego.

CRISTÓBAL

Quiero oírla cantar. Me han dicho que, apretándote un brazo, la urraquita revolotea y canta ella sola.

ROSITA

¡Déjame, Cristóbal!

Cristóbal se acerca.

CRISTÓBAL

¡Urraquita, canta, que ya eres mía! *[En ese momento se oye un rugido y Cristóbal da una espantada].* ¡Brrrrrr! ¿Qué es eso? ¿Has sido tú?

ROSITA

No, no, no te pongas así. Son las ranas del estanque.

CRISTÓBAL

Serán. ¡Ay!, ¿está ahí dentro la cosita que es para mí? *[Se acerca].*

¡Canta para mí! *[Se oye otro rugido más fuerte].* ¡Esto se acabó y se requeacabó! ¡Brrrrrrrr!

ROSITA

Pero ¡no grites! Son los leones del circo, ¡son los maridos ultrajados que hablan en la calle!

MADRE

¡Rositaaa, aquí está el médico!

ROSITA

¡Ay, el médico! ¡Ay, ay, mi barriguita! ¡Ay, mi barriguita lo que me duele!

MADRE

¡Mal hombre! ¡Por tu culpa! Ahora nos tendrás que dar todo tu dinero, todo tu dinero.

ROSITA

Todo tu dinero. ¡Ay!, ¡ay!... *[Se van].*

DIRECTOR

Cristóbal.

CRISTÓBAL

¿Qué pasa?

DIRECTOR

Baje usted en seguida, que doña Rosita está enferma.

CRISTÓBAL

¿Qué tiene?

DIRECTOR

¡Está de parto!

CRISTÓBAL

¿De parto?

DIRECTOR

¡Ha tenido cuatro niños!

CRISTÓBAL

¡Ay, Rosita! ¡Me las pagarás, mala mujer! ¡Con cien duros que me has costado! ¡Pin, pan, brrrrrrrrrrrrrr!

Rosita grita en esta escena dentro. [Cristóbal] entra y sale con la Madre, que chilla.

CRISTÓBAL

¿De quién son los niños?

MADRE

Tuyos.

CRISTÓBAL

[Le da un golpe]. ¿De quién son los niños?

MADRE

¡Tuyos! *[Otro golpe. Dentro grita Rosita].*

DIRECTOR

¡Ahora está naciendo el quinto!

CRISTÓBAL

¿De quién es el quinto?

MADRE

Tuyo. *[Golpe].*

CRISTÓBAL

¿De quién? *[Golpe].*

MADRE

Tuyo. *[Palo].* Tuyo. *[Palo].* Tuyo, tuyo, tuyo, tuyo. *[Muere y queda echada sobre la barandilla].*

CRISTÓBAL

Te maté. Ahora sabré de quién son esos niños. *[Inicia el mutis].*

MADRE

[Levantándose]. ¡Tuyos! ¡Tuyos!

Cristóbal la golpea. Entra y se oyen los gritos de Rosita.

CRISTÓBAL

[Saliendo con ella y pegándole]. Toma, ¡toma! En vez de urraquita tenías un caimán, un cocodrilo con la boca abierta. Te voy a matar por..., por, por, por...

DIRECTOR

[Saliendo]. ¡Basta! *[Agarra a los dos muñecos].*

Señoras y señores: Los campesinos andaluces oyen con frecuencia comedias de este ambiente bajo las ramas grises de los olivos y en el ambiente oscuro de los establos. Entre los ojos de las mulas, duros como puñetazos, entre el cuero bordado de los arreos y los grupos tiernos de espigas mojadas, estallan con alegría inusitada y con encantadora inocencia las palabrotas y los vocablos que no resistimos en los ambientes ciudadanos turbios por el alcohol y los naipes. Las malas palabras adquieren ingenuidad y frescura dichas por muñecos que miman el encanto de esta viejísima farsa rural.

Llenemos el teatro de espigas frescas, debajo de las cuales vayan palabrotas que luchen en la escena con el tedio y la vulgaridad a que lo tenemos condenado y saludar a don Cristóbal el Andaluz, primo del Bululú gallego, hermano de *monsieur* Guiñol de París y tío de don Arlequín de Venecia, como a uno de los personajes donde sigue pura la vieja esencia del teatro.

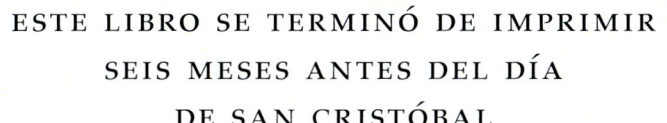

ESTE LIBRO SE TERMINÓ DE IMPRIMIR
SEIS MESES ANTES DEL DÍA
DE SAN CRISTÓBAL

ella es un pajarita de las lluvias